Autores varios

Constitución de la primera República de Panamá de 1841

Barcelona **2024**
Linkgua-ediciones.com

Créditos

Título original: Constituciones fundacionales de Panamá.

© 2024, Red ediciones S.L.

e-mail: info@linkgua.com

Diseño de cubierta: Michel Mallard.

ISBN rústica: 978-84-9816-140-3.
ISBN ebook: 978-84-9897-613-7.

Sumario

Constitución de la Primera República de 1841

8 de junio de 1841

En el nombre de Dios,
autor y supremo legislador
del Universo

Nosotros, los diputados de los pueblos del Istmo, conforme a los **Artículos** 15 y 16 del acta popular de 18 de noviembre de 1840, reunidos en convención con el objeto de deliberar sobre la suerte de aquéllos; y deseando corresponder a las esperanzas del pueblo nuestro comitente en orden a asegurar la independencia nacional, consolidar la unión, promover la paz y seguridad doméstica, establecer el imperio de la justicia, y dar a la persona, a la vida, al honor, a la libertad, a la propiedad y a la igualdad de los istmeños las más sólidas garantías, ordenamos y decretamos la siguiente Constitución.

Título I. Del Estado del Istmo y de los istmeños

Del estado del Istmo

Artículo 1. El Estado del Istmo es libre, independiente, y soberano, y no será el patrimonio de ninguna familia, ni persona.

Artículo 2. El Estado del Istmo se compone, de todos los istmeños reunidos en una misma asociación política para su común utilidad.

Artículo 3. Los límites de este Estado son los mismos que dividían la provincia de Panamá del resto de la Nueva Granada, y la de Verrugas de la República de Centro América.

Artículo 4. El territorio del Estado se divide en cantones, y éstos en parroquias.

De los istmeños

Artículo 5. Los istmeños lo son por nacimiento, o por naturalización.

Artículo 6. Son istmeños por nacimiento:

1. Todos los individuos nacidos, o que nacieren en el territorio del Istmo.

2. Los nacidos en país extranjero de padres istmeños, siempre que éstos se hallen al servicio del Estado, o ausentes por su amor a la causa de la independencia, o de la libertad; o cuando la ausencia de los padres no pasare de cinco años, y fuere con noticia oficial del Poder Ejecutivo.

Artículo 7. Son istmeños por naturalización:

1. Los no nacidos en el territorio del Istmo, que al tiempo de la promulgación de la Constitución estuvieren desempeñando funciones públicas del Estado.

2. Los no nacidos en el territorio del Istmo, que al promulgarse esta Constitución residan en él, siempre que declaren ante el jefe del cantón que quieren ser istmeños.

3. Los nacidos en cualquiera parte del territorio de Colombia, o del de la Nueva Granada, fuera del Istmo, que vengan a residir en él, con tal que expresen su voluntad de ser istmeños ante el jefe del cantón.

4. Los extranjeros que obtengan carta de naturaleza, y los que habiéndola obtenido del gobierno de Colombia, o del de la Nueva Granada, vengan a domiciliarse en el Istmo, expresándolo así al jefe cantonal.

Artículo 8. Para obtener carta de naturaleza basta pedirla al gobernador del cantón donde resida el interesado.

Artículo 9. El gobernador, antes de expedir la carta de naturaleza, hará que el interesado, bajo de juramento, renuncie los vínculos que lo ligaban a otro gobierno, cualquier Título y orden de nobleza que tenga, y ofrezca sostener la Constitución y leyes del Estado.

Artículo 10. La ley detallará los términos y requisitos con que deben extenderse las cartas de naturaleza.

Artículo 11. En cabeza del marido quedan naturalizados la mujer, y los hijos menores de 21 años.

Artículo 12. Los istmeños de nacimiento, o por naturalización, que hayan perdido la ciudadanía por haberse naturalizado en país extranjero, la volverán a adquirir en el hecho de renunciar ante la autoridad, y en los términos que designa la ley, los vínculos que lo liguen a otra nación.

Artículo 13. Son deberes de los istmeños:

1. Vivir sometidos a la Constitución y a las leyes, respetar y obedecer a las autoridades establecidas por ellas.

2. Contribuir para los gastos públicos.

3. Servir y defender a la patria, haciéndole el sacrificio de su vida, si fuere necesario.

4. Velar sobre la conservación de las libertades públicas.

Título II. De la ciudadanía

Artículo 14. La ciudadanía consiste en el derecho de sufragar, o en la capacidad de ser elegido.

Artículo 15. Son ciudadanos sufragasteis los istmeños que reúnan los requisitos siguientes:

1. Ser varón.

2. Ser mayor de 21 años.

3. Saber leer y escribir; pero esta condición no tendrá lugar, hasta el año de 1850.

4. No ser esclavo.

5. No ser soldado del ejército permanente de mar o tierra.

6. Subsistir de su trabajo, o de bienes propios.

7. No estar en la condición de sirviente doméstico.

8. No hallarse en estado de enajenación mental.

9. No estar naturalizado en país extranjero.

10. No hallarse en prisión por delito que merezca pena corporal o infamante.

11. No estar declarado fallido fraudulento.

Artículo 16. Son ciudadanos elegibles para los diversos destinos públicos, todos los istmeños que reúnan los requisitos 1, 4, 5, 6, 7, 8, 9, 10 y 11 del **Artículo** anterior, a no ser que esta Constitución, o la ley exija algún otro para determinados casos. Esto no impide los alistamiento, ni ascensos militares, ni que las personas que no tengan el requisito 1 sean nombradas para funciones anexas a su sexo, y determinadas por las leyes.

Artículo 17. Si después de electo un individuo dejare de tener alguno de los requisitos enunciados en el **Artículo** anterior, quedará vacante su destino.

Título III. Del Gobierno del Estado

Artículo 18. El gobierno del Estado es popular, republicano, representativo, electivo, alternativo y responsable.

Artículo 19. El poder supremo estará dividido para su ejercicio en Legislativo, Ejecutivo y Judicial, y ninguno de ellos ejercerá las atribuciones que conforme a esta Constitución correspondan a los otros.

Artículo 20. Es un deber del gobierno proteger la libertad, la seguridad, la propiedad y la igualdad de los istmeños.

Título IV. De las elecciones

De las elecciones primarias

Artículo 21. Las elecciones primarias se abrirán cada dos años en las parroquias del Estado, el día que designe la ley, aun cuando no hayan sido convocadas.

Artículo 22. El objeto de las elecciones primarias es votar por el elector o electores que correspondan a la parroquia.

Artículo 23. En cada parroquia se nombrará un elector por cada quinientas personas; pero en la parroquia cuya población no alcance a este número, se nombrará siempre un elector.

Artículo 24. Los que resulten con mayor número de votos, se declararán constitucionalmente nombrados electores: cuando hubiese igualdad de sufragios decidirá la suerte.

Artículo 25. Para ser elector se requiere, además de la calidad de ciudadano elegible:

1. Tener 25 años de edad.

2. Saber leer y escribir.

3. Ser dueño de bienes raíces que alcancen al valor libre de cuatrocientos pesos, o en su defecto de una renta de cien pesos anuales procedentes de bienes raíces, o de la de trescientos pesos que sean el producto de algún empleo, o del ejercicio de cualquiera género de industria o profesión.

4. Haber residido en el cantón un año, a lo menos, dentro de los tres anteriores al día en que se haga la elección.

Artículo 26. El cargo de elector durará dos años. Las faltas que ocurriesen por cualquier motivo, se suplirán con los que tengan más votos en los registros de elecciones.

Artículo 27. Cuando un mismo individuo sea nombrado elector por diversas parroquias, preferirá la elección de aquella en que haya obtenido mayor número de votos; en caso de igualdad, tendrá preferencia la parroquia de su domicilio, y si no ha sido nombrado por ésta, decidirá la suerte.

Artículo 28. Las elecciones primarias estarán abiertas por ocho días.

De las elecciones secundarias

Artículo 29. Los electores nombrados por el cantón formarán una asamblea electoral, que se reunirá en la cabecera de él con las dos terceras partes, a lo menos, el día que designe la ley; mas si en los dos últimos de los en que se deba hacer la elección no se hubieren reunido las dos terceras partes, podrá verificarse con la mayoría absoluta de electores, a lo menos.

Artículo 30. Corresponde a la asamblea electoral:

1. Sufragar por el Presidente y Vicepresidente del Estado, por los magistrados del Tribunal Supremo de Justicia, y por los de los tribunales de distrito.

2. Elegir los diputados del cantón al Congreso y sus suplentes.

3. Elegir los jueces de primera instancia.

4. Elegir tres individuos, para que el Poder Ejecutivo nombre entre ellos el que deba ser gobernador del cantón.

5. Hacer las demás elecciones que le atribuya la ley.

Artículo 31. En las elecciones que corresponde hacer definitivamente a la asamblea electoral, ésta declarará nombrado al que obtenga la mayoría absoluta de votos.

Artículo 32. Las asambleas electorales no se conservarán reunidas por más de ocho días.

Disposiciones comunes a ambas elecciones

Artículo 33. Las elecciones serán públicas, y ninguno concurrirá a ellas con armas.

Artículo 34. Una ley especial organizará por menor las elecciones.

Título V. Del Poder Legislativo

De la formación del Congreso

Artículo 35. El Poder Legislativo se ejercerá por una cámara compuesta de diputados de los cantones del Estado, que llevará el nombre de Congreso.

Artículo 36. El Congreso se reunirá cada año, en la capital del Estado el 1.º de febrero, aun cuando no haya sido convocado. Sus sesiones ordinarias durarán cuarenta días, prorrogables hasta sesenta, caso necesario.

Artículo 37. Cada uno de los cantones del Estado nombrará un diputado por cada cinco mil habitantes, y uno más por un residuo que pase de tres mil; pero el cantón cuya población no alcance a los números expresados, nombrará siempre un diputado. No pueden ser nombrados el Presidente y Vicepresidente del Estado, los secretarios del despacho, los magistrados del Tribunal Supremo de Justicia, los de los tribunales de distrito, curas y todas aquellas personas que ejerzan cualquiera mando, jurisdicción o autoridad en todo el cantón, al tiempo que se hace la elección.

Artículo 38. Si un individuo resultase electo por dos o más cantones, preferirá la elección del de su vecindario; si no hubiere sido nombrado por éste, preferirá la del de su nacimiento, y si tampoco por éste hubiese sido nombrado, preferirá la del que tenga más población; y en caso de igualdad de ésta, lo decidirá la suerte.

Artículo 39. El Congreso no comenzará sus sesiones sin la concurrencia a ellas de los dos tercios de la totalidad de sus miembros; pero en todo caso, el número existente, cualquiera que sea, se reunirá para compeler con multas a los ausentes, a que concurran en el modo y términos que disponga la ley.

Artículo 40. El Congreso no continuará sus sesiones sin la concurrencia de los dos tercios de los miembros presentes en el lugar en que se celebren, con tal que éstos no sean menos de la mayoría absoluta de todos los miembros.

Artículo 41. Los diputados al Congreso durarán en sus destinos dos años, renovándose por mitad cada año.

Artículo 42. Para ser diputado se requiere, además de las cualidades de ciudadano elegible:

1. Ser dueño de bienes raíces que alcancen al valor libre de mil pesos, o tener una renta de doscientos pesos anuales, procedentes de bienes raíces, o en defecto de ésta, una de trescientos pesos que sea el producto de algún empleo, o del ejercicio de algún género de industria o profesión.

2. Haber residido en el Estado dos años por lo menos, dentro de los cuatro inmediatamente anteriores.

Artículo 43. Las vacantes que resulten en el Congreso por cualquier causa, se llenarán por los respectivos suplentes, y cuando ocurra también la de éstos, el gobernador respectivo, requerido por el Congreso, convocará extraordinariamente las asambleas electorales, para que hagan el nombramiento.

Artículo 44. Los no nacidos en el Istmo necesitan para ser diputados, además de las cualidades de ciudadano elegible:

1. Ser dueños de bienes raíces que alcancen al valor libre de dos mil pesos, o tener una renta de cuatrocientos pesos anuales procedentes de bienes raíces, o en su defecto la de seiscientos pesos que sea el producto de algún empleo, o del ejercicio de cualquiera industria o profesión.

2. Haber residido dos años, a lo menos, en el Estado dentro de los cuatro inmediatamente anteriores.

Artículo 45. El Congreso deberá instalarse por sí dentro del término señalado en la Constitución, y mientras se da los reglamentos necesarios será presidido por el diputado en que se convenga a la voz.

De las atribuciones del Congreso

Artículo 46. Son atribuciones del Congreso:

1. Darse los reglamentos necesarios para el régimen interior, y dirección de sus trabajos, pudiendo conforme a ellos corregir a sus miembros que los infrinjan, con las penas que establezca.

2. Establecer las contribuciones que exija el servicio del Estado.

3. Decretar anualmente los gastos del Estado, en vista de los presupuestos que le presente el Poder Ejecutivo.

4. Decretar lo conveniente sobre la conservación, administración y enajenación de los bienes del Estado.

5. Contraer deudas sobre el crédito del Estado.

6. Determinar, y uniformar la ley, peso, tipo, y denominación de la moneda.

7. Fijar y uniformar los pesos, y medidas.

8. Crear los tribunales, y juzgados necesarios.

9. Decretar la creación, y supresión de los empleos públicos, asignar sus dotaciones, disminuirlas o aumentarlas.

10. Conceder recompensas personales a los que hayan hecho grandes servicios al Estado.

11. Decretar honores públicos a la memoria de los grandes hombres.

12. Detallar los términos y requisitos con que deben extenderse las cartas de naturaleza.

13. Fijar todos los años la fuerza permanente de mar y tierra, y el modo de levantarla y reemplazarla.

14. Decretar la guerra ofensiva, y ordenar la paz, con presencia de los informes preliminares, que exigirá al Poder Ejecutivo.

15. Prestar o no su aprobación a los tratados y convenios públicos celebrados por el Poder Ejecutivo.

16. Conceder amnistías o indultos generales o particulares, cuando lo exija algún motivo grave de conveniencia pública.

17. Designar por el voto de las dos terceras partes de los miembros presentes el lugar que haya de ser la capital del Estado.

18. Crear y suprimir cantones y parroquias, y fijar sus límites.

19. Permitir o no la introducción y tránsito de tropas extrajeras por el territorio del Estado.

20. Permitir o no la estación de escuadra o escuadrilla extranjera en los puertos del Estado.

21. Velar sobre la inversión de las rentas nacionales, examinando cada año la cuenta respectiva, que el Poder Ejecutivo debe presentarle por medio del secretario de hacienda para su aprobación.

22. Establecer lo conveniente en lo relativo al crédito del Estado.

23. Verificar el escrutinio de las elecciones de Presidente y Vicepresidente del Estado, y admitir o no sus excusas y renuncias.

24. Perfeccionar las elecciones de los magistrados del Tribunal Supremo de Justicia, y de los tribunales de distrito, y decidir sobre sus excusas y renuncias.

25. Hacer la elección del obispo u obispos de la iglesia Istmeña, y prestar o no su aprobación para proveer las dignidades y canonjías, que no sean de oficio.

26. Prestar o no su consentimiento al Poder Ejecutivo para que nombre los jefes del ejército y marina, desde teniente-coronel, o capitán de fragata inclusive, hasta el más alto grado.

27. Decidir las reclamaciones que se hagan sobre la calificación de sus propios miembros, y de aquellos empleados que nombra, o de cuya elección le toca hacer el escrutinio.

28. Expedir los diferentes códigos y leyes que exija el buen arreglo del Estado.

29. Interpretar, reformar, y derogar las disposiciones legislativas.

30. Diferir para otro tiempo, o trasladar a otro lugar las sesiones, cuando algún grave motivo lo exija.

31. Conceder licencias temporales a sus miembros, para no asistir a las sesiones, y admitirles las renuncias que hagan de sus destinos.

32. Conceder o negar el pase a las bulas, y rescriptos pontificios que versen sobre asuntos generales.

33. Promover y fomentar por leyes especiales la educación pública en las universidades, colegios, y escuelas del Estado; el progreso de las ciencias

y artes, y los establecimientos de utilidad general; y conceder por tiempo limitado privilegios exclusivos para su estímulo y fomento.

34. Decretar el alistamiento y organización de la guardia nacional, y designar los casos en que deba ser llamada al servicio activo.

35. Habilitar y cerrar los puertos, y establecer o suprimir aduanas marítimas.

36. Conceder permiso a los empleados públicos, para obtener de otro gobierno pensiones, distintivos, o Títulos personales, siendo compatibles con las instituciones del Estado.

37. Velar especialmente en la observancia de esta Constitución, y anular todos los actos que la contraríen.

Artículo 47. El Congreso no delegará a uno o muchos de sus miembros, ni a ningún otro poder, funcionario, o persona, ninguna de las atribuciones que tiene por esta Constitución, sino en los casos expresamente previstos por ella.

Artículo 48. Cuando el Congreso sea convocado extraordinariamente, solo tratará de aquellos asuntos que hubieren dado motivo a la convocatoria.

Disposiciones varias sobre el Congreso

Artículo 49. En los nombramientos que corresponden al Congreso, declarará electo al que haya obtenido la mayoría absoluta de votos; cuando no se obtenga por ninguno de ellos, se contraerá a los dos que hayan reunido más votos; y en caso de igualdad, decidirá la suerte.

Artículo 50. Cuando el Congreso se ocupe de hacer el escrutinio de los sufragios de las asambleas electorales para las elecciones de Presidente y Vicepresidente del Estado, magistrados del Tribunal Supremo de Justicia, y de los tribunales de distrito, declarará nombrado al que haya obtenido la mayoría absoluta de los votos; cuando no se obtenga por ninguno de ellos, se contraerá a los dos que hayan reunido más votos, y se declarará electo al que haya obtenido las dos terceras partes de los votos de los miembros del Congreso, repitiéndose la votación hasta que se obtenga este resultado.

Artículo 51. Los diputados al Congreso no son responsables por los discursos, votos y opiniones que emitan en el ejercicio de sus funciones.

Artículo 52. Los diputados al Congreso mientras duren las sesiones, un mes antes de la reunión, y otro después de la clausura del cuerpo legislativo, no serán demandados, ni ejecutados civilmente; ni perseguidos, ni presos por causa criminal, sino luego que el Congreso los haya suspendido del ejercicio de sus funciones, y consignado al tribunal competente, a menos que hayan sido sorprendidos en flagrante delito, a que esté impuesta pena corporal o infamante.

Artículo 53. Las sesiones del Congreso serán públicas; pero podrán ser secretas, cuando así lo pida alguno de sus miembros. Si el Congreso reunido en sesión secreta, juzgase conveniente pasar a sesión pública, lo acordará así por la mayoría absoluta de sus miembros.

Artículo 54. Nadie concurrirá con armas a las sesiones del Congreso.

Artículo 55. Las reformas que se hicieren alterando las asignaciones de que deben disfrutar los diputados al Congreso, no comprenderán a los miembros que lo constituyan al decretarse aquellas reformas, a menos que fuesen reelegidos.

De la formación de las Leyes

Artículo 56. Para ser admitido a discusión un proyecto de ley o decreto, se requiere que sea presentado por alguno de los miembros del Congreso, y apoyado por otro.

Artículo 57. Todo proyecto de ley o decreto admitido a discusión, será considerado en tres debates distintos, con intervalo de un día por lo menos de uno a otro. En caso de que el proyecto sea declarado urgente, podrá dispensarse esta última formalidad.

Artículo 58. Los proyectos de ley o decreto que fuesen rechazados, no podrán volverse a proponer hasta la próxima reunión del Congreso; pero esto no impide que alguno o algunos de sus artículos formen parte de otro proyecto.

Artículo 59. Acordado un proyecto de ley o decreto por el Congreso, se pasará al Poder Ejecutivo por medio de una diputación, y si éste lo aprobare, lo mandará ejecutar, y publicar; pero si no, devolverá al Congreso con sus observaciones, y dentro del término de ocho días de aquel en que lo recibió, uno de los dos ejemplares que se le remitan.

Artículo 60. Si pasado este tiempo el Ejecutivo no hubiere devuelto el proyecto objetado, tendrá fuerza de ley, y como tal lo mandará publicar, a menos que corriendo los ocho días, el Congreso hubiere cerrado sus sesiones, en cuyo caso el Ejecutivo deberá presentar sus observaciones en los primeros cuatro días de la próxima reunión.

Artículo 61. Cuando el Poder Ejecutivo objete un proyecto de ley o decreto, el Congreso tomará en consideración sus reparos, y si los hallare fundados, procederá de acuerdo con ellos; pero en caso contrario, si el proyecto fuese objetado en su totalidad, podrá insistir con el voto de las dos terceras partes, a lo menos, de los miembros presentes. Si las objeciones se versaren sobre una o muchas partes del proyecto, bastará la mayoría absoluta para la insistencia. En cualquiera de estos dos últimos casos, el Poder Ejecutivo mandará publicar el proyecto dentro de tercero día.

Artículo 62. Al pasar al Poder Ejecutivo un proyecto de ley o decreto, se expresarán los días en que fue discutido, para que si nota que no se han observado las formalidades del debate, lo devuelva dentro de segundo día, a fin de que tenga su cumplimiento.

Artículo 63. Siempre que haya de pasarse al Poder Ejecutivo un proyecto de ley o decreto para su sanción, se extenderán dos ejemplares, los cuales serán firmados por el presidente y secretario del Congreso.

Artículo 64. El Poder Ejecutivo no tendrá derecho de objeción sobre los actos en que se acuerde diferir para otro tiempo, trasladar a otro lugar o prorrogar las sesiones del Congreso.

Artículo 65. Sancionado u objetado un proyecto por el Poder Ejecutivo, devolverá al Congreso por medio del secretario respectivo uno de los dos ejemplares, para que se dé cuenta en él y se archive, caso de sanción; o para que, si hubiese sido objetado, tenga lugar lo prevenido en el **Artículo** 61, pasando nuevamente dos ejemplares, caso de insistencia o reforma, de la manera dispuesta en el **Artículo** 63.

Título VI. Del Poder Ejecutivo

Del encargado del Poder Ejecutivo

Artículo 66. El Poder Ejecutivo del Estado estará a cargo de una persona, que tendrá la denominación de Presidente del Estado del Istmo, y este empleado será sustituido en cualesquiera casos de falta, o impedimento, por otro que se denominará Vicepresidente.

Artículo 67. Para ser Presidente y Vicepresidente del Estado se necesita, además de las cualidades de ciudadano elegible:

1. Haber nacido en alguno de los cantones del Estado.

2. Haber cumplido la edad de 30 años.

3. Ser dueño de bienes raíces que alcancen al valor libre de dos mil pesos, y en su defecto, de una renta de trescientos pesos anuales, procedentes de bienes raíces; o de la de seiscientos pesos que sea el producto de algún empleo, o del ejercicio de cualquier género de industria o profesión.

4. Tener dos años de residencia en el Estado, dentro de los cuatro inmediatamente anteriores.

Artículo 68. Los no nacidos en el Estado que sean miembros de la convención, y además aquellos que tengan seis años de residencia en él al tiempo de promulgarse esta Constitución, serán considerados como nacidos en el Istmo, para los efectos del **Artículo** 67 de la referida Constitución, siempre que reúnan los requisitos que exigen los números 2, 3 y 4 del citado **Artículo**.

Artículo 69. El Presidente y Vicepresidente del Estado durarán en sus funciones cuatro años, y no serán reelegibles para el próximo período. La elección del último se hará a los dos años de haberse hecho la del primero.

Artículo 70. Además del Vicepresidente del Estado se designan para sustituir al encargado del Poder Ejecutivo al Presidente y Vicepresidente del Congreso, los cuales entrarán a ejercerlo por su orden en los casos de falta o impedimento.

Artículo 71. En cualquier caso de falta absoluta del Presidente del Estado, se reemplazará en la próxima reunión de las asambleas electorales, si hubiese tiempo para ello; y si no, en la siguiente. Los nombrados de esta manera extraordinaria solo durarán en sus destinos hasta el fin del período constitucional de su antecesor, y no podrán ser nombrados para el próximo, o siguiente.

Artículo 72. El Presidente y Vicepresidente del Estado entrarán a ejercer sus funciones el día 1.º de marzo, prestando el correspondiente juramento, que se les exigirá por el Presidente del Congreso en presencia de éste; pero si el Congreso no estuviere reunido, lo prestarán ante el Tribunal Supremo de Justicia del Estado en manos de su Presidente.

Artículo 73. Aunque el 1.º de marzo no haya prestado el juramento el nuevo Presidente o Vicepresidente, cesa sin embargo en sus funciones el anterior.

Artículo 74. El período de duración de cada Presidente y Vicepresidente del Estado se contará desde el día en que termine aquel para que fue nombrado su antecesor, aunque por no haberse posesionado entonces, haya de durar menos de cuatro años.

Artículo 75. El Presidente y Vicepresidente del Estado recibirán por sus servicios los sueldos que la ley les señale. Las alteraciones que se hagan en estos sueldos no afectarán a los que sean Presidente y Vicepresidente del Estado cuando ellas tengan lugar.

De las atribuciones del Poder Ejecutivo

Artículo 76. El encargado del Poder Ejecutivo es el jefe de la administración del Estado, y como a tal le corresponde conservar el orden y la tranquilidad interior, y asegurar el Estado contra todo ataque exterior.

Artículo 77. Son atribuciones del Poder Ejecutivo:

1. Sancionar las leyes y decretos del Congreso, y expedir todos los reglamentos y órdenes necesarias para su ejecución.

2. Velar sobre la exacta observancia de la Constitución y de las leyes, excitando a todos los funcionarios públicos a su cumplimiento, y a las autoridades competentes al juzgamiento de cualesquiera infractores.

3. Convocar al Congreso en los períodos señalados por la Constitución, y en cualesquiera otros casos extraordinarios en que lo exija el bien del Estado.

4. Dirigir las fuerzas de mar y tierra.

5. Declarar la guerra, previo el decreto del Congreso.

6. Nombrar y remover libremente los secretarios del despacho.

7. Nombrar los gobernadores de cantón de la terna que forme la asamblea electoral respectiva, suspenderlos con fundados motivos, y someterlos dentro de setenta y dos horas al tribunal competente, junto con los documentos que dieron motivo a la suspensión, para su juzgamiento.

8. Nombrar, con previo consentimiento del Congreso, los jefes del ejército y marina, desde teniente-coronel o capitán de fragata inclusive, hasta el más alto grado.

9. Nombrar con arreglo a la ley los demás oficiales del ejército.

10. Nombrar los agentes diplomáticos y cónsules.

11. Dirigir las negociaciones diplomáticas, y celebrar los tratados y convenios públicos, y ratificarlos, después de aprobados por el Congreso.

12. Nombrar interinamente, durante el receso del Congreso, y de la manera dispuesta en esta Constitución, los magistrados del Tribunal Supremo de Justicia, y tribunales de distrito, cuando ocurra alguna vacante.

13. Nombrar cualesquiera otros empleados, cuyo nombramiento no reserve la ley a otra autoridad.

14. Conceder retiros y licencias a los militares, y admitir o no, las renuncias que hagan desde alférez hasta el más alto grado, según lo determine la ley.

15. Conceder patentes de corso, cuando así lo determine el Congreso.

16. Expedir patentes de navegación.

17. Cuidar de la recaudación e inversión de las contribuciones y rentas nacionales, con arreglo a las leyes, y presentar anualmente al Congreso, por medio del secretario de hacienda, la cuenta respectiva.

18. Suspender de los destinos que ocupen a todos los empleados del ramo ejecutivo, cuando cometan alguna falta o delito en el ejercicio de sus funciones, poniéndolos a disposición del tribunal competente, dentro de setenta y dos horas, con los documentos que hayan motivado la suspensión, para que se les juzgue; pero esto no impide que la ley atribuya la misma facultad de suspender, a la autoridad judicial que haya de exigirles la responsabilidad.

19. Conmutar, con previo consentimiento del Concejo de Gobierno, la pena capital en otra grave, siempre que lo exija alguna razón de conveniencia pública, y a propuesta de los tribunales que decreten las penas, los cuales indicarán en la misma propuesta aquella en que sea conveniente conmutarla.

Artículo 78. No puede el encargado del Poder Ejecutivo:

1. Salir del territorio mientras ejerce el gobierno.

2. Separarse del Estado un año después de haber cesado en sus funciones, sin mandato del Poder Ejecutivo.

3. Ejercer sus funciones cuando se ausente de la capital para cualquiera otra parte del Estado, sino en los casos previstos por la ley.

4. Nombrar ni proponer para empleo alguno a los diputados al Congreso, mientras ejerzan estas funciones, ni darles comisión ni gracia alguna. Esta prohibición se extenderá, después de haber cesado en sus funciones el

diputado, hasta que deje de ejercer el Poder Ejecutivo la misma persona que lo obtenía al tiempo de su diputación.

5. Expulsar del territorio a ningún istmeño, privarle de su libertad, ni imponerle pena alguna.

6. Celebrar concordatos con la Sede Romana.

Artículo 79. En los casos de grave peligro por conmoción interior, invasión exterior actual, o temida con fundamento, que amenace la seguridad del Estado, el encargado del Poder Ejecutivo podrá investirse del todo o parte de las siguientes facultades extraordinarias:

1. De llamar al servicio aquella parte de la guardia nacional que se considere necesaria a más de la fuerza permanente.

2. De negociar empréstitos, o anticipaciones de las rentas públicas con el correspondiente descuento, sin exceder de las sumas que sean absolutamente indispensables.

3. De expedir órdenes de comparecencia, o arresto contra los indiciados de traición contra el Estado; debiendo ponerlos dentro de setenta y dos horas, a disposición del juez competente, a quien pasará los documentos que dieron lugar al arresto, junto con las diligencias que se hayan practicado.

4. De conceder amnistías o indultos generales o particulares, cuando lo exija algún grave motivo de conveniencia pública.

Artículo 80. El Poder Ejecutivo, en el uso de una o más de las anteriores facultades, se limitará al tiempo y medios absolutamente necesarios para restablecer la tranquilidad y seguridad del Estado, y dará cuenta al Congreso, en los primeros seis días de las próximas sesiones, del ejercicio que haya hecho de esta autorización.

Artículo 81. El Poder Ejecutivo cesará en el uso de sus facultades extraordinarias con el hecho mismo de reunirse el Congreso, el que, si fuere necesario, le concederá la continuación en el ejercicio de ellas.

Artículo 82. El Poder Ejecutivo, al abrir el Congreso sus sesiones anuales, lo instruirá por escrito del estado del país en sus diferentes ramos, indicándole las mejoras y reformas que puedan hacerse en cada uno.

Artículo 83. El Presidente del Estado es responsable en todos los casos de infracción de la Constitución, y de las leyes, en las de abuso de las facultades que se le conceden conforme al **Artículo** 79 de esta Constitución, y en cualesquiera otros de mala conducta en el ejercicio de sus funciones.

Artículo 84. El Poder Ejecutivo, cuando lo estime de grave urgencia, podrá delegar alguna o algunas de las facultades que se le confieren por esta Constitución, a uno o más agentes suyos, o ciudadanos del Estado.

De los secretarios del despacho

Artículo 85. Para el despacho de todos los negocios de la administración habrá hasta dos secretarías. La ley las arreglará, y organizará.

Artículo 86. Para ser secretario del despacho, se requiere tener las cualidades de ciudadano elegible.

Artículo 87. El Poder Ejecutivo podrá encargar temporalmente estas secretarías a una sola persona.

Artículo 88. Los secretarios de Estado son, en sus respectivos ramos, el órgano preciso de comunicación de todas las órdenes del Poder Ejecutivo. Ninguna orden expedida fuera de este conducto, ni decreto, providencia, o reglamento alguno, que no sea autorizado por el respectivo secretario, deberá ser ejecutado por ningún empleado público, ni persona privada.

Artículo 89. Los secretarios de Estado darán al Congreso, con anuencia del Poder Ejecutivo, cuantas noticias, e informes les pida en sus respectivos ramos, a excepción de lo que no convenga publicar. En esta excepción no se comprenden aquellos que se pidan por el Congreso para llevar a efecto la atribución 14 del **Artículo** 46.

Artículo 90. Los secretarios de Estado podrán asistir al Congreso, y tomar parte en sus discusiones sobre proyectos de ley, y deberán asistir, cuando sean llamados; pero nunca tendrán voto.

Artículo 91. Los secretarios de Estado informarán anualmente al Congreso, en los primeros seis días de sus sesiones, del estado de sus respectivos ramos.

Artículo 92. Los secretarios de Estado son responsables, siempre que autoricen decretos, órdenes, o resoluciones del Poder Ejecutivo, que sean contrarios a la Constitución, o a las leyes, sin que les sirva de excusa la orden verbal o por escrito de aquél.

Del Concejo de Gobierno

Artículo 93. El Vicepresidente y los secretarios de Estado formarán él Concejo de Gobierno, que debe asistir con su dictamen al encargado del Poder Ejecutivo en el despacho de todos los negocios de la administración, de cualquiera naturaleza que sean.

Artículo 94. El Concejo podrá reunirse con la mayoría absoluta de sus miembros, y será presidido por el Vicepresidente. El encargado del Poder Ejecutivo no estará obligado a seguir el dictamen del Concejo de Gobierno.

Artículo 95. Cuando las secretarías de Estado se hallen encargadas a una sola persona, y el Vicepresidente esté ejerciendo el Poder Ejecutivo, falte por cualquiera causa, o se halle impedido, el único secretario que exista, formará el Concejo de Gobierno, y en calidad de tal auxiliará con su dictamen al mismo Poder Ejecutivo.

Título VII. Del Poder Judicial

Artículo 96. La justicia se administrará por un Jurado Nacional, un Tribunal Supremo, y los demás tribunales y juzgados que la ley establezca.

Del Jurado Nacional

Artículo 97. El Congreso se constituirá en Jurado Nacional:

1. Para el juzgamiento del encargado del Poder Ejecutivo, y de los magistrados del Tribunal Supremo, por infracción de la Constitución o de las leyes, y en el caso de mala conducta en el ejercicio de sus respectivas funciones;

2. Para declarar si ha o no lugar a formación de causa contra cualquiera de los mencionados empleados y ponerlos a disposición del tribunal competente para su juzgamiento, cuando la falta no fuere relativa al ejercicio de sus respectivas funciones.

Artículo 98. El Congreso no se constituirá en Jurado Nacional, sino a virtud de acusación escrita, y presentada por uno o más individuos, y apoyada por dos diputados, o por acusación de tres de estos solamente.

Artículo 99. El Jurado Nacional, examinados los fundamentos de la acusación, declarará previamente si ha o no lugar al juicio, para cuya declaratoria se requiere la mayoría absoluta de votos de los diputados presentes, con exclusión de los dos que apoyaron, o de los tres que hicieron la acusación. Si esta fuere relativa al número 1 del **Artículo** 97, continuará el juicio hasta su fenecimiento, e imposición de la pena correspondiente, o absolución del acusado. Si la acusación fuere relativa al número 2 del citado **Artículo** 97, luego que se haya declarado haber lugar a la formación de causa, se pondrá el acusado a disposición del tribunal, o juez competente, para su juzgamiento.

Artículo 100. El Congreso nombrará por mayoría absoluta de votos el diputado que haya de sostener la acusación contra los empleados de que trata el número 1 del **Artículo** 97.

Artículo 101. Las reclamaciones, que con los documentos que acrediten la culpabilidad, hagan al Congreso los tribunales competentes, serán bastantes para la iniciación del procedimiento a la declaratoria de que habla el número 2 del **Artículo** 97, requiriéndose para ella, en este caso, la mayoría absoluta de votos de los miembros presentes, sin exclusión de ninguno.

Artículo 102. Luego que se declare haber lugar a formación de causa, queda suspenso el empleado acusado.

Artículo 103. El jurado puede cometer la sustanciación del juicio a una comisión de su seno, reservándose la sentencia, que será pronunciada en sesión pública.

Artículo 104. Para ser condenado en estos juicios, se requiere la mayoría absoluta de votos de los miembros presentes con exclusión de los diputados que apoyaron, o hicieron la acusación.

Artículo 105. Las penas que imponga el jurado, caso de condenación, no podrán ser otras, que las de suspender por tiempo, o desistir de su empleo al acusado, y a lo más, declararlo incapaz por cierto término para servir determinados destinos públicos, o ninguno de ellos; pero esto no impide que el tribunal correspondiente juzgue también al culpable, si su falta tuviere señalada alguna otra pena por las leyes comunes.

Artículo 106. Una ley especial organizará el curso de estos juicios, y designará los casos, en que deban imponerse las penas establecidas en el **Artículo** anterior.

Del Tribunal Supremo de Justicia del Estado

Artículo 107. Habrá en la capital del Estado un Tribunal Supremo de Justicia.

Artículo 108. Para ser magistrado del Tribunal Supremo de Justicia, además de las cualidades de ciudadano elegible, se requiere:

1. Haber cumplido 30 años de edad; pero esta condición no tendrá lugar hasta el año de 1847.

2. Ser abogado en ejercicio.

3. Haber sido magistrado de algún tribunal, o juzgado por un término que no baje de tres años, o haber ejercido la abogacía con buen crédito por seis años a lo menos; pero estos requisitos no son obligatorios hasta el año de 1847, bastando hasta entonces ser abogado de buena reputación.

Artículo 109. Son atribuciones del Tribunal Supremo:

1. Conocer de todos los negocios contenciosos de los agentes diplomáticos cerca del gobierno del Estado en los casos permitidos por el derecho internacional.

2. Conocer de las causas de responsabilidad, que se formen a los agentes diplomáticos y cónsules del Estado, por mal desempeño en el ejercicio de sus funciones.

3. Conocer de las causas de responsabilidad del Presidente y Vicepresidente del Estado, cuando haya lugar al ulterior procedimiento, conforme al **Artículo** 99, o cuando haya de aplicárseles una ley común y de las criminales por delitos comunes en que incurran los mismos.

4. Conocer de las causas de responsabilidad de los secretarios de Estado.

5. Conocer de las controversias que se susciten por los contratos o negociaciones que el Poder Ejecutivo celebre inmediatamente por sí o por medio de sus agentes.

6. Oír las dudas de los tribunales superiores sobre inteligencia de alguna ley, y consultar sobre ellas al Congreso por conducto del Poder Ejecutivo.

7. Conocer de los juicios que se promuevan sobre la inteligencia de una, o más cláusulas de privilegios concedidos por el Congreso, o de su orden por el Poder Ejecutivo, excepto en los casos que otra cosa se disponga por los decretos en que se hayan otorgado.

Artículo 110. La ley designará el grado, forma y casos en que el Tribunal Supremo de Justicia deba conocer en los negocios expresados, y de cualesquiera otros que ella le atribuya.

Artículo 111. Los magistrados del Tribunal Supremo durarán en sus funciones dos años, pudiendo ser reelectos.

Artículo 112. Los magistrados del Tribunal Supremo de Justicia no admitirán empleo, comisión, ni gracia alguna del Poder Ejecutivo hasta que deje de ejercerlo la persona que lo obtenía al tiempo de la permanencia de aquéllos en la magistratura.
De los demás tribunales y juzgados

Artículo 113. La ley organizará los demás tribunales y juzgados del Estado, y determinará sus atribuciones, y los requisitos y cualidades, que deben tener los que hayan de formarlos.

Disposiciones comunes a todos los tribunales y juzgados

Artículo 114. Todos los tribunales y juzgados en sus sentencias deben hacer mención de la ley aplicada, y por falta de ella, de los fundamentos en que se apoyen.

Artículo 115. Los magistrados y jueces de los tribunales del Estado no podrán ser suspendidos de sus destinos, sino por acusación legalmente intentada y admitida, ni depuestos, sino por causa sentenciada conforme a las leyes.

Artículo 116. En ningún juicio habrá más de tres instancias.

Artículo 117. Las sesiones de todos los tribunales serán públicas, y las votaciones se harán a puerta abierta y en alta voz.

Artículo 118. Las vacantes que ocurran en las magistraturas del Tribunal Supremo de Justicia, y tribunales de distrito, se llenarán con los que hayan obtenido más votos en las asambleas electorales para la plaza vacante; por defecto de éstos, el encargado del Poder Ejecutivo hará el nombramiento; y los así nombrados durarán en el destino hasta que se provea en propiedad conforme a esta Constitución.

Título VIII. Del Gobierno de las secciones del Estado

Artículo 119. La ley organizará el gobierno de las secciones en que se divide el Estado, así el que no es más que una ramificación y dependencia del Gobierno supremo, como el que ha de velar, y estatuir sobre los objetos de interés local.

Título IX. De la fuerza armada

Artículo 120. La fuerza armada es esencialmente obediente, y no tiene la facultad de deliberar. Su objeto es defender la independencia y la libertad del Estado, mantener el orden público, y sostener la observancia de la Constitución y de la ley.

Artículo 121. La fuerza armada se divide en ejército permanente, y en guardia nacional.

Artículo 122. La guardia nacional en cada cantón estará a las órdenes de su gobernador, quien la llamará al servicio, cuando lo ordene el encargado del Poder Ejecutivo; y también para obrar dentro del cantón, en los casos de conmoción interior, o de invasiones exteriores actuales o temidas con fundamento. Siempre que los gobernadores de los cantones usen de esta atribución, darán cuenta inmediatamente de la fuerza de que hubieren dispuesto, y de los motivos y fundamentos que hayan tenido para ello.

Artículo 123. No se concederá en el Estado ningún ascenso militar, sino para llenar una plaza creada por la ley.

Artículo 124. Una ley especial organizará la fuerza armada.

Artículo 125. Los individuos de la fuerza armada de mar o tierra no gozarán de fuero alguno; pero en los delitos puramente militares, o en los comunes, que se cometan en campaña, serán juzgados y penados por las autoridades militares, y conforme a las ordenanzas y leyes del ejército.

Título X. Disposiciones varias

Artículo 126. Ningún empleado público, civil, militar o eclesiástico entrará en el ejercicio de sus funciones, sin prestar juramento de sostener la Constitución, y de cumplir fiel y exactamente con los deberes de su empleo.

Artículo 127. El presidente del Congreso prestará juramento en presencia de éste, y los miembros en manos del presidente. Los demás empleados jurarán ante las autoridades que determine la ley.

Artículo 128. Ningún empleado público ejercerá otras funciones que aquellas que le estén expresamente delegadas por la Constitución, o la ley.

Artículo 129. No habrá en el Estado empleo alguno sin funciones, ni puramente honorario. Los empleos públicos no son enajenables, ni hereditarios, ni los que los obtengan durarán en ellos por más tiempo que el de su buena conducta oficial.

Artículo 130. Los empleados públicos no aceptarán Título, ni regalo de ningún gobierno extranjero sin el consentimiento del Congreso.

Artículo 131. Siempre que la autoridad judicial competente declare haber lugar a la formación de causa contra un empleado público, por responsabilidad en el ejercicio de sus funciones, quedará por el mismo hecho suspenso de su destino.

Artículo 132. La religión dominante del Estado es la católica, apostólica, romana. El gobierno la protegerá.

Artículo 133. Todos los istmeños tienen el derecho de hacer publicaciones por medio de la prensa, sin necesidad de previa revisión o censura, quedando sujetos a la responsabilidad de la ley.

Artículo 134. Los juicios por abusos de la libertad de imprenta se decidirán siempre por jurados.

Artículo 135. Ninguna autoridad aplicará clase alguna de tormentos, sea cual fuere la naturaleza, y estado del proceso.

Artículo 136. Todos los istmeños tienen la facultad de reclamar sus derechos ante los depositarios de la autoridad pública con la moderación y respeto debidos, y de representar acerca de todo lo que juzguen conveniente al bien público.

Artículo 137. Todos los extranjeros serán admitidos en el Estado, y gozarán de los mismos beneficios que los istmeños, excepto los inherentes a la ciudadanía. Aquéllos se someterán a las leyes del Estado, en cuanto sea compatible con el derecho internacional.

Artículo 138. No se extraerá del tesoro nacional cantidad alguna para otros usos que los determinados por las leyes.

Artículo 139. Los istmeños son iguales delante de la ley, cualesquiera que sean su fortuna y destinos.

Artículo 140. Ningún istmeño podrá ser distraído de sus jueces naturales, ni juzgado por comisiones especiales, ni por tribunales extraordinarios.

Artículo 141. Ningún istmeño puede ser arrestado, o reducido a prisión, sin suficiente motivo para proceder, fundado en testimonio de persona digna de crédito, o en otro indicio grave. Cuando alguno sea sorprendido en flagrante delito, cualquiera puede prenderle, pidiendo el auxilio necesario, y conducirle inmediatamente a presencia del juez.

Artículo 142. En cualquier estado de la causa en que aparezca que no puede imponerse al preso pena corporal, se le pondrá en libertad, dando la seguridad bastante.

Artículo 143. Dentro de doce horas a lo más de verificada la prisión, o arresto de alguna persona, expedirá el juez una orden firmada en que se expresen los motivos del arresto, o prisión; si debe o no estar, o continuar incomunicado el preso, y se le dará copia de ella. El juez que faltare a esta disposición, y el carcelero que no reclamare la orden, pasadas las doce horas, serán castigados como reos de detención arbitraria. Ni uno ni otro podrán usar de más apremios o prisiones que las necesarias para la seguridad del preso o arrestado.

Artículo 144. El alcaide o carcelero no podrá prohibir a los presos la comunicación con persona alguna sin orden expresa del juez; y la incomunicación solo durará por el tiempo indispensablemente necesario para evitar la colusión con los testigos o con los que puedan ser cómplices.

Artículo 145. Ningún istmeño dará testimonio en causa criminal contra su consorte, sus ascendientes, sus descendientes y hermanos; ni será obligado con juramento, apremio ni de otro modo a darlo contra sí mismo.

Artículo 146. Ninguna pena será trascendental al inocente; por íntimas que sean sus relaciones con el culpado.

Artículo 147. Nadie será reducido a prisión en los lugares que no estén pública y legalmente reconocidos por cárceles.

Artículo 148. Ningún istmeño será juzgado, ni penado, sino en virtud de una ley anterior a su delito, y después de habérsele citado, oído, y convencido en juicio.

Artículo 149. Ningún delito se castigará con pena de confiscación; pero esta disposición no excluye los comisos ni las multas que impongan las leyes contra algunos delitos.

Artículo 150. Corresponde a la jurisdicción civil ordinaria la facultad de conocer de las demandas civiles en que intervengan individuos del clero secular, o regular, y de las causas criminales contra éstos, sin perjuicio de que el juez eclesiástico pueda imponer las penas espirituales conforme a los cánones, y aun practicar a prevención las diligencias sumarias, para pasarlas al juez competente.

Artículo 151. A excepción de las contribuciones establecidas con arreglo a esta Constitución, o a las leyes, ningún istmeño será privado de la menor porción de su propiedad, ni ésta aplicada a ningún uso público sin su propio consentimiento. Cuando alguna pública necesidad legalmente comprobada, exigiere que la propiedad de algún istmeño se aplique a usos semejantes, la condición de una justa compensación debe presuponerse.

Artículo 152. Toda persona debe presumirse inocente hasta que se le declare culpado con arreglo a la ley.

Artículo 153. Ningún género de trabajo, industria, y comercio, que no se oponga a las buenas costumbres, es prohibido a los istmeños, y todos podrán ejercer el que quieran, excepto aquellos que son necesarios para la subsistencia del Estado. No podrán por consiguiente establecerse gremios, y corporaciones de artes, u oficios, que obstruyan la libertad del ingenio, de la enseñanza y de la industria.

Artículo 154. Es prohibida la fundación de mayorazgos, y toda clase de vinculaciones.

Artículo 155. No habrá en el Estado bienes raíces, que tengan el carácter de inajenables.

Artículo 156. Todos los istmeños tienen la libertad de comprometer sus diferencias en árbitros en cualquier estado de los pleitos, con tal que observen las formalidades legales.

Artículo 157. No podrá ser allanada la casa de ningún istmeño, sino en los casos y con los requisitos prevenidos por la ley.

Artículo 158. La correspondencia epistolar, y los demás papeles de los istmeños no serán interceptados en ningún tiempo, ni abiertos, sino por autoridad competente, y en los casos y términos prevenidos por la ley.

Artículo 159. En todos los casos en que deban formarse temas para el nombramiento de los empleados públicos, se pondrán los nombres de cada candidato en pliego cerrado, con relación de los méritos, servicios y capacidad.

Título XI. De la interpretación, reforma y adición de esta Constitución

Artículo 160. El Congreso podrá resolver cualesquiera dudas que ocurran sobre la inteligencia de alguno, o algunos de los **Artículos** de esta Constitución, observándose para ello las formalidades exigidas para la formación de las leyes.

Artículo 161. En el Congreso podrán proponerse reformas a alguno, o algunos **Artículos** de esta Constitución, o adiciones a ella. Si la proposición fuere apoyada por la quinta parte, a lo menos, de los miembros concurrentes, y admitida a discusión por la mayoría absoluta de votos, se discutirá en la forma prevenida para los proyectos de ley. Calificada de necesaria la reforma, o adición por el voto de los dos tercios de los miembros presentes, se pasará al Poder Ejecutivo, para el solo efecto de hacerla publicar y circular.

Artículo 162. El Congreso en las sesiones ordinarias de cualquiera de los años siguientes tomará en consideración la adición, o reforma aprobada en la anterior; y si fuere calificada de necesaria por la mayoría absoluta de votos de los miembros presentes, con las formalidades prevenidas en el **Artículo** que antecede, se tendrá como parte de esta Constitución, y se pasará al Poder Ejecutivo para su publicación y ejecución.

Artículo 163. El poder que tiene el Congreso para reformar esta Constitución, no se extenderá nunca a variar la forma de gobierno, que ella establece, el cual será siempre popular, republicano, representativo, electivo, alternativo, y responsable. Tampoco se extenderá a destruir la libertad de imprenta.

Artículo 164. El Poder Ejecutivo con relación a este Título, solo podrá hacer indicaciones sobre las dudas, reforma, o inteligencia de alguno, o algunos **Artículos** constitucionales.

Disposiciones transitorias

1. La actual convención elegirá el Presidente y Vicepresidente del Estado, los cuales solo durarán hasta la posesión de los que se nombraren por las asambleas electorales conforme a esta Constitución. Los individuos nombrados por la convención para desempeñar los destinos expresados, podrán ser reelectos en ellos para el primer período constitucional.

2. Mientras se reúne el primer Congreso constitucional en los casos de falta, o impedimento del Presidente o Vicepresidente nombrados por la convención, se encargará del gobierno del Estado el último Presidente de ella, y por su falta el Vicepresidente.

3. El primer Vicepresidente del Estado elegido por las asambleas electorales solo durará en sus funciones dos años.

4. La convención nombrará los magistrados del Supremo Tribunal de Justicia, y éstos solo durarán en sus funciones hasta que haga el nombramiento el primer Congreso constitucional, pudiendo ser reelectos.

5. El primer Congreso constitucional sorteará, inmediatamente después de su instalación, la mitad de los miembros que debe ser renovada conforme a esta Constitución: en caso de número impar, la renovación se hará en el número impar, la renovación se hará en el número menor, que se acerque más a la mitad. Los que salgan en el sorteo, solo durarán un año en su destino.

6. La presente convención podrá expedir, aun después de promulgada esta Constitución, las leyes y decretos que considere más necesarios para el establecimiento de la misma Constitución, y arreglo de algunos otros objetos importantes.

7. El Tribunal Supremo de Justicia del Estado conocerá de las causas de responsabilidad que se promuevan contra los ministros del actual Tribunal

del Istmo por mal desempeño en el ejercicio de sus funciones, e infracciones de ley que hayan cometido.

Dada en la sala de sesiones de la convención constituyente del Istmo en Panamá a los siete días del mes de junio del año del Señor de mil ochocientos cuarenta y uno. El presidente de la convención, diputado por la Chorrera, J. B. Feraud. El vicepresidente de la convención, diputado por Parita, José García de Paredes. El diputado por Alanje, José de Obaldía. El diputado por Bocas del Toro, José Palacios. El diputado por Bocas del Toro, José M. Tribaldos. El diputado por Santiago, Nicolás Orosco. El diputado por la Chorrera, B. Arze Mata. El diputado por el Darién, M. J. Borbúa. El diputado por el Darién, M. Arosemena Quesada. El diputado por Natá, Saturnino C. Ospino. El diputado por Natá, Marcelino Vega. El diputado por Panamá, M. Arosemena. El diputado por Parita, Antonio Amador. El diputado por Portobelo, Antonio N. Ayarza. El diputado por Portobelo, Ramón Vallarino. El diputado por los Santos, J. M. Goytia. El diputado por los Santos, Francisco Asprilla. El secretario de la convención, diputado por Panamá, José Ángel Santos.

Palacio del Gobierno en Panamá a 8 de junio de 1841. Cúmplase, circúlese y publíquese. Dado, firmado de mi mano, sellado con el gran sello del Estado, y refrendado por el secretario general.

TOMÁS HERRERA.
El Secretario General,
José Agustín Arango.

Libros a la carta

A la carta es un servicio especializado para
empresas,
librerías,
bibliotecas,
editoriales
y centros de enseñanza;
y permite confeccionar libros que, por su formato y concepción, sirven a los propósitos más específicos de estas instituciones.

Las empresas nos encargan ediciones personalizadas para marketing editorial o para regalos institucionales. Y los interesados solicitan, a Título personal, ediciones antiguas, o no disponibles en el mercado; y las acompañan con notas y comentarios críticos.

Las ediciones tienen como apoyo un libro de estilo con todo tipo de referencias sobre los criterios de tratamiento tipográfico aplicados a nuestros libros que puede ser consultado en Linkgua-ediciones.com.

Linkgua edita por encargo diferentes versiones de una misma obra con distintos tratamientos ortotipográficos (actualizaciones de carácter divulgativo de un clásico, o versiones estrictamente fieles a la edición original de referencia).

Este servicio de ediciones a la carta le permitirá, si usted se dedica a la enseñanza, tener una forma de hacer pública su interpretación de un texto y, sobre una versión digitalizada «base», usted podrá introducir interpretaciones del texto fuente. Es un tópico que los profesores denuncien en clase los desmanes de una edición, o vayan comentando errores de interpretación de un texto y esta es una solución útil a esa necesidad del mundo académico.

Asimismo publicamos de manera sistemática, en un mismo catálogo, tesis doctorales y actas de congresos académicos, que son distribuidas a través de nuestra Web.

El servicio de «libros a la carta» funciona de dos formas.

1. Tenemos un fondo de libros digitalizados que usted puede personalizar en tiradas de al menos cinco ejemplares. Estas personalizaciones pueden ser de todo tipo: añadir notas de clase para uso de un grupo de estudiantes,

introducir logos corporativos para uso con fines de marketing empresarial, etc. etc.

2. Buscamos libros descatalogados de otras editoriales y los reeditamos en tiradas cortas a petición de un cliente.

www.ingramcontent.com/pod-product-compliance
Lightning Source LLC
Chambersburg PA
CBHW022054190326
41520CB00008B/788